AF362383

ROBERT LE MINIHY DE LA VILLEHERVÉ

UNE
EXPOSITION DE BEAUX-ARTS
EN PROVINCE

(LE HAVRE — 1875)

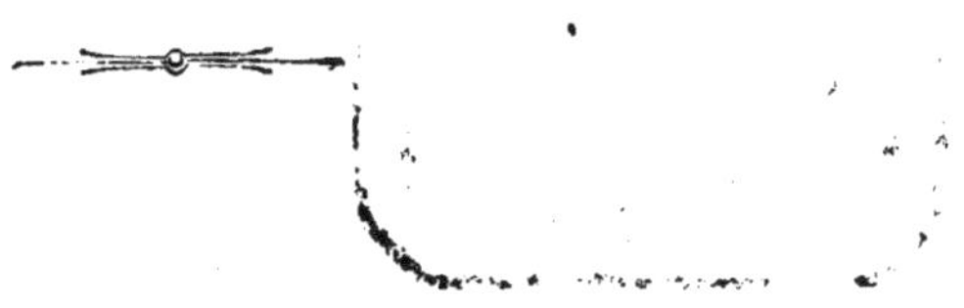

HAVRE

Imprimerie Labottière et Cᵃ, rue Beauverger. 2.

1875

INTRODUCTION

Un salon peut être une œuvre de science, d'art et de fantaisie.

Etude ou prétexte, il est travail ou canevas, selon la compétence et le bon vouloir de l'écrivain. Tantôt le critique disserte et juge, tantôt il n'emprunte aux œuvres d'art qu'une trame à broder les variations les plus diverses.

Il s'ensuit qu'on ne saurait pas plus comparer le salon de deux critiques que leur esprit ; et souvent les livres les plus dissemblables procèdent d'une même Exposition.

Un des maîtres de la critique contemporaine, Théophile Gautier, a seul écrit sur les salons des œuvres de fantaisie qui étaient aussi des œuvres de science. Ne paraissant demander aux artistes qu'un motif pour les prestigieux développements de sa belle imagination, il a, en même temps qu'il créait, à l'occasion des statues ou des tableaux, des chefs-d'œuvre supérieurs, su faire une critique réelle, grâce à sa magique manière de montrer quelle distance séparait l'exécution de l'idéal rêvé,en réalisant, lui, d'un trait de plume, cet idéal entrevu par l'artiste. Jamais dogmatique, il n'écrivait pas une ligne qui ne fût, pour ainsi dire, une leçon, et il a mérité le premier rang parmi les critiques.

Toutefois, et c'est là où l'on en veut venir, ses salons si merveilleux ne sont ni complets, ni absolument impartiaux, car cela n'est pas possible.

Le critique a forcément un caractère, un goût, des traditions sous peine d'être nul, et, bon gré, malgré, il faut qu'il en prenne son parti : il aura des préférences, il sera incomplet, il sera injuste.

Ceci dit,on ne devra attendre de celui qui écrit ces études que ce qu'il peut donner : des indications selon son goût personnel, des notes et des impressions parfois même contradictoires, car qui peut affirmer ne juger jamais que d'après des principes invariables, et ne sentir surtout (l'art étant, avant tout, une affaire de sentiment) que lorsque l'âme est agitée d'une manière unique?

Et encore, cela serait-il mauvais, car le critique doit être un poëte, et le poëte doit avoir mille âmes.

C'est pourquoi on a jugé convenable de s'excuser par avance des défauts qu'on pressent et des erreurs dans lesquelles il est assuré qu'on tombera.

Cela est d'autant plus urgent ici que, dans cette Exposition du Havre, 1875, il y a un trop grand nombre d'essais pour lesquels on devra se montrer sévère ; que fatalement on sera accusé d'ignorance, d'inexactitude, de partialité, et que plus d'un donnera de grand cœur au diable le critique et sa critique, si consciencieusement faite qu'elle soit.

On s'y attend, on y compte, et pourtant on entreprend ces études gaîment, dans cette satisfaction du cœur que réjouit l'admiration du beau, car si l'admiration est de tous les sentiments le plus difficile à exprimer, c'est aussi le meilleur et le plus doux à ressentir.

Et il y a beaucoup d'œuvres à admirer dans les galeries de l'Exposition qu'on va étudier.

La Société Nationale Havraise d'Etudes Diverses, qui en a pris l'initiative, doit être fière de son succès. Aidée dans les pénibles travaux de l'organisation par un groupe d'amateurs distingués de l'ancienne Société des Amis des Arts, elle a réuni une collection d'œuvres vraiment belle, et si l'ivraie s'y mêle trop au bon grain, il n'en est pas moins vrai que, considérée dans son ensemble, l'Exposition est bonne et de beaucoup supérieure non-seulement à celles qu'on a vues précédemment au Havre, mais encore à toutes celles qui sont ouvertes communément en province.

Cela d'ailleurs sera prouvé, on l'espère, dans les études que, sans discours plus ample, on va commencer.

Un mot encore toutefois : Contrairement à un usage reçu, et dont on ignore la cause (on entend une cause raisonnable), on parlera d'abord des œuvres des sculpteurs, parce qu'on croit que la sculpture occupe le premier rang dans les arts d'imitation et que, à tort ou à raison, à mérite égal, on classerait un statuaire avant un peintre, jugeant que si l'art est l'expression définitive d'une pensée, on ne doit pas être indifférent pour ce qui permet cette expression définitive : la matière.

La raison peut sembler subtile. Cependant on s'y est arrêté, et s'il en faut une autre, veuillez considérer (celle-ci au moins est élémentaire), que dans la disposition des salles de l'Exposition, c'est la sculpture qui, la première, offre aux regards des visiteurs, les envois de ses artistes.

EXPOSITION DE BEAUX-ARTS

En Province

SCULPTURE

Salle n° 1

Le catalogue signale quarante-quatre envois. Plusieurs sont très remarquables.

Un ivoirier de Dieppe, M. Auguste Beauchène, a exposé trois œuvres très délicates : un christ en croix est surtout digne d'être regardé ; il est fait avec une grande habileté ; deux christ sont aussi exposés par un autre Dieppois, M. Michel Ouin. Un cep de vigne, très gracieusement étudié est encore à noter. C'est l'œuvre d'un Normand, M. Louis Saillot, qui a, en outre, à l'Exposition, un cadre de glace en bois où courent des sarments allourdis par les grappes splendides des raisins, et un bénitier en buis, chargé d'attributs, de fleurs et de fruits élégamment groupés.

Parmi plusieurs œuvres de M. Bonaffé, un portrait de M. Guillemard attire les regards. il fait pendant à un autre buste du même M. Guillemard. Ce second buste est de M. Émile Voyer. Celui-là est en plâtre, celui-ci en terre.

cuite. Tous deux sont ressemblants ; mais le second a plus que la ressemblance, il a la physionomie.

Mais, chut ! prenez garde, et n'y touchez pas. L'enfant rêve : elle jouait tout à l'heure avec sa poupée, elle lui souriait, mais une grave préoccupation l'a distraite ; elle a laissé retomber son bras, et la poupée se serait cassé le nez à terre si sa main n'en retenait encore les cordons ; et, dans la pose même où le rêve l'a surprise, la jambe droite encore repliée comme lorsqu'elle berçait le marmot insensible, elle est demeurée à demi-couchée sur la chaise antique aux pieds écartés ; elle est toute à sa pensée, et si la main qu'elle tient sur sa poitrine vous indique un mot de son secret, ne le trahissez pas. Il faut toujours respecter les secrets de l'enfance.

Puis, si vous êtes curieux, vous n'avez pas besoin de la tourmenter. Un autre petit ange est là, tout près, et qui ne demande qu'à être interrogé.

Attentive au possible, l'adorable bébé, joue, s'il vous plaît, un solo. Elle promène, avec une curiosité grave, l'archet sur les cordes d'un violoncelle, et, penchée sur l'instrument, elle écoute la note vibrante, tout émerveillée de son savoir faire. Le jeu l'amuse et le solo sera long à n'en pas douter.

M. Ch. Chabrié, auteur de ces deux jolies œuvres, a exposé encore une délicieuse tête de Sapho enfant. Il connaît à merveille l'enfance avec ses mutineries charmantes et ses réflexions profondes; il fait mieux que la con-

naitre, il l'aime, et si ses travaux ne le prou-
vaient pas suffisamment, voici une petite histoire, triste, d'accord, mais qui met à nu le
cœur excellent de l'artiste, et qui vaut la peine
d'être dite :

Ami d'une famille du Havre, M. Chabrié ado-
rait une mignonne petite fille et se plaisait à la
choyer ; mais l'enfance a des maladies terribles : l'enfant mourut. M. Chabrié a gardé le
souvenir de la beauté ravissante de la petite
morte. Une de ses deux œuvres de l'Exposition
en est une réminiscence. Or, ce souvenir de
l'artiste lui a donné une de ces inspirations
touchantes et rares qui sont à jamais l'éloge
d'un homme et son honneur. Il a reproduit,
en lisant dans sa mémoire, les traits de l'enfant pleurée, et il a fait présent de cette image
aux parents, pour en orner une petite tombe
du cimetière Sainte-Marie où le pieux hom-
mage de l'ami commande au passant de s'arrêter. *Sta viator* !

M. Ch. Huet, du Havre, expose de petits paysage en terre cuite, qui sont originaux et finement traités. Ils sont curieux à voir. M. Huet
a aussi un paysage métallisé au cuivre rouge
et un autre en argent oxydé qui sont d'un effet
curieux et valent des louanges à sa précieuse
habileté.

Un médaillon bronze, signé Guglielmo Lange,
représente une tête de vieille femme des environs de Gênes. Le modelé en est excellent,
c'est une étude parfaite et magistrale.

Scribe a écrit le *Mariage de Raison*, M. Gus-
tave Nast a chanté la même chanson, avec le

même titre ; la chanson des querelles, des frois-
sements, dont le refrain est triste et dont le
dernier couplet est une séparation. Le groupe
modelé en terre par M. Nast met en scène un
griffon vaniteux, Moustache et la pauvre Keet.
Keet supplie, implore. Tout est en vain. Moustache, la tête droite, regarde au loin les pas-
sants, sans plus se soucier de la malheureuse
qui lui fut octroyée en mariage que si elle
n'existait pas. Jolie comédie qui touche au
drame. Bouderie qui amènera des coups de
dents.

M. Alph. Sortambosc, a exposé un Christ en
buis, déjà connu et qui est très apprécié et une
Suzanne au bain, sculptée sur buis en demi-
relief. M. Sortambosc a du mérite, et souvent
déjà justice lui a été rendue pour des essais
qui décèlent une habileté singulière et un soin
d'artiste.

Deux envois de M. de Vasselot doivent encore fixer l'attention, et, bien que l'un d'eux
soit de beaucoup préféré à l'autre, on tentera
de les décrire avec une égale conscience :

Une femme, beauté de formes et d'accords,
s'en va, amplement drapée, sur le chemin.
Cependant, deux Cupidonneaux étaient partis
en chasse. Redoutez la rencontre des amours !
Les voilà, les curieux, qui volètent à l'entour
de la femme, et l'un d'eux, audacieux, soulève
son voile et découvre le visage, et l'autre, qui,
au pied n'a pas deviné la jambe, la veut voir et
écarte les plis des draperies. Ils n'ont pas fini
leur manège, et qui sait jusqu'où cela ira ?
Déjà... mais la femme se défend à peine, et,

comme insoucieuse de l'attaque, elle garde son geste calme et ne détourne pas même la tête. La reddition est prompte et l'assaut était inutile. Pauvres amours! Que n'alliez-vous plutôt vers Béatrix, cette Béatrix Donato, si chère au fils du Titien et si noblement célébrée par Alfred de Musset.

M. de Vasselot a affronté cette tâche redoutable de représenter cette Béatrix, et il a bien fait, car il nous l'a rendue admirablement belle, avec une infinie distinction et une idéale pureté, si bien que Pippo graverait sur ce marbre ce merveilleux sonnet qu'il transcrivit jadis en caractères gothiques très fins dans un coin de son chef-d'œuvre perdu :

Béatrix Donato fut le doux nom de celle
Dont la forme terrestre eut ce divin contour ;
Dans sa blanche poitrine était un cœur fidèle
Et dans son corps sans tache un esprit sans détour.

Le fils du Titien pour la rendre immortelle
Fit ce portrait, témoin d'un mutuel amour,
Puis il cessa de peindre à compter de ce jour
Ne voulant de sa main illustrer d'autre qu'elle.

Passant, qui que tu sois, si ton cœur sait aimer
Regarde ma maîtresse avant de me blâmer
Et dis si par hasard la tienne est aussi belle.

Vois donc combien c'est peu que la gloire ici bas
Puisque, tout beau qu'il est, ce portrait ne vaut pas,
Crois-m'en sur ma parole, un baiser du modèle.

Non seulement ce buste n'est pas l'œuvre du premier venu, mais c'est l'œuvre d'un maître.

PEINTURE

Salle n° 2

Sied-il de s'attarder à quelques médiocrités ? Point. Assez d'autres se dresseront comme des obstacles le long du chemin.

Puis, après l'admiration, la critique est trop amère, et d'ailleurs tout ne vaut pas la critique.

Les envois des peintres occupent de nombreuses salles. Sans perdre le bénéfice des contrastes de leurs aménagements, on va s'occuper de ces toiles, salle par salle, et au gré d'un désordre qui, plus que tout autre, ayant été calculé d'après les jeux de la lumière, doit être beau, puisqu'il est arrangé de main d'ouvrier et fut calculé par des artistes.

Un paysage.... Observez en passant, je vous en prie, que les peintres envoient beaucoup d'études aux Salons, beaucoup trop d'études. Il y en a qui n'ont jamais achevé un tableau. Sous le vain prétexte de garder l'impression première, ils laissent tout imparfait et confus, se jugeant sans doute trop inhabiles à garder cette impression du vrai, du vu, du vivant. Si c'est modestie, ils ont une modestie sotte ; si c'est timidité, ils ont une timidité vaniteuse.

Comment ! Ils viendraient dire : Voici un ta-
bleautin, un rien ; je n'ai mis qu'un quart-
d'heure à le faire, soyez indulgents.

Que non pas, messieurs ! Si vous exposez ces
choses-là, c'est que vous les jugez bonnes, ou
vous êtes impertinents ; c'est que vous vous
croyez une telle valeur que la moindre de vos
pensées est remarquable, à peu près comme
M. Coppée qui imprime, à l'admiration des badauds,qu'il aimerait jouer du flageolet, le soir,
assis à sa fenêtre. Qui donc êtes-vous, pour avoir
cet orgueil ? Certes, le rêve à peine indiqué
d'un maître est curieux à surprendre, mais
c'est là, croyez-le, suivre une mauvaise voie,
que de s'en tenir à ces rêves, à ces ébauches,
et les maîtres que vous imitez, ont fait autrement.

Quand sur une personne on prétend s'ajuster,
C'est par ses beaux côtés qu'il la faut imiter.

Sur ce, il convient de revenir à ce paysage.
Etude, simple étude, mais très vraie de ton,
la Seine, près de Carrière, de M. Sydney Arboin.
Plus fait, est le kiosque de l'île Seguin, de M.
Eugène Bataille ; il fait beau, c'est l'été, l'été
splendide et chaud, le temps propice au cano-
tage. Les canots, les yoles sillonnent la Seine.
C'est la poésie parisienne du Bas-Meudon, où
les parfums des champs fraternisent drôle-
ment avec les senteurs de l'Argenteuil, des
omelettes et des fritures.

M. Ch. Bédouet, de Paris, expose un petit
tableau : un coin de table, une chouette morte.
Le pauvre oiseau sottement pourchassé ne

manquera pas à parer de sa dépouille quelque
porte rustique, où deux clous,le maintiendront
sur les ais, les ailes déployées.

Deux jolies marines de M. Léon Le Bellée.
représentent le chenal de Bréhat et des barques
boulonnaises faisant la pêche du hareng.

Un salonnier,le précurseur,Diderot,a dit ceci :
« Que le goût de l'extraordinaire et du bizarre
était la preuve de l'impuissance. » Maxime profonde et qu'il importe de rappeler de notre
temps : la recherche de l'originalité fait tant
commettre de bévues à nos artistes ! M. Bulteau
fera bien de se souvenir de Diderot. Il ne dé-
guisera probablement plus les jeunes gens
qu'il portraira en ramoneurs.

Plus original, quoique pas du tout bizarre.
est l'intérieur de M. Victor Carré-Soubiran.Une
cheminée, du feu, et un chat.

C'est peu de chose et c'est assez.

Quel malheur pourtant que le chat soit aussi
mal peint !

Encore une étude. M. Carpentier de Rouen.
a ébauché sur la nature un coin d'Epinay.C'est
un frottis; une douzaine de séances lui permet-
tront d'en faire un tableau. Le moindre mal
qu'on puisse penser de cette toile en son état
présent,c'est assurément de croire que le peintre
saura l'achever. On le lui souhaite.

Un tableau de la jeunesse de César de Kock
est curieux à comparer avec les œuvres de son
âge mûr. Les jeunes peintres auront raison de
s'arrêter longuement devant ce paysage. Il leur

fera concevoir de grandes espérances, en leur prouvant qu'on n'est pas toujours original dès les débuts.

Une vue de la rade de Cherbourg, de M. de Crisenoy, est très belle. Vaisseaux et barques de pêche occupent la rade bleue et lumineuse où pas une brise ne souffle.

Toujours des études. Ici c'est une très remarquable indication de l'Allier à Vichy. Entre deux berges de sable, la rivière coule capricieuse, lente, et reflète puissamment un ciel d'un magnifique outremer. Quelques lignes d'arbres accidentent seules l'horizon, qui s'étend droit et sans fin. Cela est signé Daliphard. Là c'est un Daubigny, hélas ! ébauche aussi, où un saule, deux vaches et plusieurs poules ont des couleurs étranges sous un ciel étrange, étrangement lourd au-dessus d'une mer sans éclat.— Ce n'est pas l'artiste qui a exposé cette ébauche.

M. Donaud peint très bien les papillons. Il le sait et il en abuse. Son tableau, n° 195, *Course de chars*, n'est pas un tableau ; c'est une collection d'entomologie. Si vous cherchez pourquoi cela se nomme course de chars, on peut vous faire remarquer que trois papillons montent trois coquilles conduites par six hannetons. L'œuvre de M. Donaud ne rappelle en aucune façon les œuvres de Granville. Granville avait beaucoup d'esprit !

Un jeune homme, M. Salastiana Dumouchel, du Havre, a dans cette salle un tableau, Barque de Trouville. Il est habile et peint très joliment les marines.

Voici un paysage qui n'est pas une étude. C'est un arbre, un coin de champ, presque rien ; mais la lumière enveloppe tout cela, elle s'y joue, et le paysage intéresse. Ce paysage est inscrit au livret sous le numéro 210. Il est signé : Victor Dupré.

Il n'est pas accordé à tous de donner un sens à un paysage, de le faire vivre. De fort habiles y ont toujours échoué. Aussi ne ménagera-t-on pas l'éloge à un tout petit paysage (n° 219, le Matin, Aline Fleury) très frais et très charmant dans sa simplicité.

Les pochades, de M. Lanfant, de Metz, roses et gentilles, trouvent de nombreux amateurs. On en voit deux dans cette salle, qui reproduisent toutes les qualités coutumières de leur auteur.

Un coin de ferme en Normandie, de M. Auguste Levillain n'est pas indigne d'intérêt. Le peintre est jeune, et il peut beaucoup, car il sait voir, et il sait rendre ce qu'il a vu.

Des chevaux courant un steeple-chase au-dessus des portes ne représentent pas seuls dans cette salle M. Paul Malençon, de Rouen. On y voit aussi du même artiste une grande nature morte franchement brossée et qui offre tout le charme qu'on peut exiger d'un cantaloup, d'un chou, de carottes et de radis.

Une grenade ouverte et qu'on avait oubliée dans un large plat de cuivre a été peinte par Mlle Clémence Molliet, de Bordeaux. Mlle Molliet en a fait un joli tableau. Son Chemin creux dans les Landes du Médoc est une ébauche, et mérite beaucoup moins qu'on s'y arrête.

Mlle Emilie Persin a représenté une enfant, aussi mauvaise écolière que gentille fillette. La paresseuse, qui fait mine d'étudier une grave leçon, sans doute parce que la maîtresse est proche, ne pense guère qu'aux cocottes de papier éparses sur ses genoux, et peut-être aussi au moyen de les faire disparaître. Mais Mlle Persin est indulgente, et elle appelle distraite, la paresseuse.

Un moyen d'être original est de retourner vers le banal, quand le banal est, à force de vétusté, devenu rococo. Il y a quelques années, on a beaucoup employé ce procédé, et l'école néo-grecque triompha ! Seulement, par une marche qui devait nous mener à la parodie et qui nous a menés à l'opérette (*Orphée* et la *Belle Hélène*), on a enlevé aux personnages leur grande allure et gaillardement chiffonné les chlamydes.

Un tableau de cette école, celui de M. Raphaël Poggi, a pour lui une idée ingénieuse. Le livret l'inscrit au numéro 360, sous ce titre : *l'Accord Parfait.*

Accord parfait et très parfait vraiment ! Une femme joue de la double flûte; un singe secoue à tour de bras des cimbales, un ara (les aras viennent de l'Amérique et n'étaient pas connus au siècle de Périclès) jete sa note criarde, un enfant frappe d'une grenade un tambour de basque. L'accord est si parfait qu'un esclave s'en effare (le dillettante !) et se sauve, mettant ses mains sur ses oreilles. Seul un sphynx, sérieusement accroupi sur un large socle rêve en regardant l'horizon tranquille.

Par exemple, pourquoi ce vacarme ? Ni la femme, ni l'enfant, ni le singe, ni l'ara ne paraissent s'en amuser. Peut-être sont-ils sourds ! On a vu des sourds faire de la musique.

Voici une très jolie étude de reflets, les Bords du Ruissey, à Veurey (Isère), par M. Salvaniac. Le Ruisset dort sous un ciel clair, et les reflets interrompus par les nappes immobiles sont habilement observés. Cette étude,— chose rare, — est un tableau fini.

Mlle Amélie Valentino a exposé deux tableaux de fruits et de fleurs. L'un d'eux est surtout remarquable. Il est d'une très riche couleur, et groupé d'un façon magistrale, avec une rare et merveilleuse opulence. Qui n'a rêvé de ces vastes amoncellements de fleurs et de fruits, où tout est saveurs et parfums, et n'a conçu ce magnifique idéal d'une luxueuse gourmandise, comme on n'en peut satisfaire qu'en ce beau pays de Cocagne où l'on serait trop heureux de pouvoir s'aventurer, pour voir seulement ?

Salle n° 3

Facture large, couleur brillante, esprit et sentiment font d'une petite toile de M. Appian une œuvre belle. Toutes ces qualités se trouvent dans un paysage automnal de l'artiste, représentant un ruisseau à Rossillon (Ain).

Un autre paysage, également remarquable, se rencontre aussi dans cette salle, où d'ailleurs ils sont nombreux. Il est signé : Michel

Besnus et figure la Juine aux environs d'Etampes. Sous un ciel un peu lourd et sans éclat, la Juine court, très limpide, baignant de son flot clair de riches prairies, et bordée d'un côté par de grands arbres, dont plusieurs saules magnifiques penchés sur la berge brisent seuls les hautes lignes. Des coteaux finement estompés par de légères vapeurs forment à ce tableau un fond harmonieux et arrêtent les regards sur le charme des premiers plans.

Deux natures mortes splendides étalent de merveilleuses couleurs. L'une est de M. Henri Biva, l'autre de Mme Puyroche-Wagner ; dans toutes deux, vous verrez des fruits et des fleurs tombant, avec une profusion admirable, de corbeilles renversées. Cela est si beau et si tentant que (admirez la précaution !) au-dessous de chacun de ces tableaux on a dû placarder un avis : Défense de toucher.

De superbes chevaux au pâturage sont représentés avec un art parfait par M. Auguste Bonheur. Le pâturage est proche de la mer qui s'étend comme une large bande bleue au fond du tableau et les chevaux hument librement l'air chargé de senteur marines.

M. Fabius Brest s'est acquis une légitime notoriété avec ses beaux paysages byzantins. Pas un ne connaît mieux ces coins de Stamboul où deux ou trois minarets surgissent au-dessus d'une ou deux coupoles à demi cachées dans le feuillage, près d'une eau calme, où se croisent perpétuellement des caïques montées par des matelots à fez rouge. Mais de quelque amour que soit possédé M. Fabius Brest pour

Constantinople, ne pourrait-il ailleurs planter
sa tente et porter ses pinceaux ? Il est très beau
de faire un bon tableau ; il serait mieux d'en
faire plusieurs, et M. Brest n'en sait qu'un,
toujours le même. C'est ainsi que Bilboquet
jouait du trombone. Une seule note, mais
charmante pour ceux qui pouvaient l'aimer.

Les jolies soubrettes, et que M. Caraud les
connaît bien, mutines, coquettes et friponnes !
Celle-ci qui lave, celle-là qui pèle une pomme,
vous ont un souci de la grâce ravissant et curieux. Elles se savent gentilles et on peut
être sûr que leurs mains resteront blanches,
malgré les soins du ménage, comme ces mains

Qui, pareilles au lys, n'ont jamais travaillé.

M. Caraud peint avec une délicatesse es-
quise et ses fonds sont des merveilles de finesse
et d'harmonie.

Aujourd'hui qu'on délaisse trop Dorine pour
Margot, on doit savoir gré à M. Caraud de
nous rendre Dorine. De jolies conventions seront toujours préférables à de vilaines réalités,
et les esprits distingués regretteront toujours
le vieux théâtre où vivaient Lisette, Lafleur,
Labranche, Crispin et tout ce monde vêtu de
satin et armé de joie, avant qu'on eut occupé
la scène de bonshommes dont

Les sombres habits noirs éteignent le décor.

Deux grands paysages maritimes de M. Gus-
tave Castan sont très vrais et bien remarqua-

bles. Le premier a été peint sur le sable, à marée basse. Les falaises noires des environs de Trouville se dressent au-dessus des glaises et des rochers couverts d'algues, dont les couleurs tristes sont réchauffées par les rayons d'un soleil à son déclin. Le reflet s'étend rosé sur la mer et s'étale çà et là en notes lumineuses sur les flaques d'eau demeurées dans les dépressions de la plage ; le second est pris à peu près au même endroit, près de Villerville; la mer est haute et baigne une plage étroite que voile une herbe grasse dont le tapis se prolonge presque jusque sous les vagues.

La brise est fraîche, il y a de la houle, le ciel est orageux. La mer a souvent cet aspect attristé. Pas un pêcheur au large. Rien qu'une immense étendue. L'impression est profonde et juste. M. Castan affectionne ces paysages mélancoliques et qui font rêver.

M. Ch. Chaplin a les traditions des maîtres du XVIIIe siècle. Il excelle aux figures roses et sensuelles de ces jolies filles courtisées des amours dont les ailes battent le ciel bleu, en ce mai éternel des idylles champêtres. *La Lyre brisée* est une de ses plus belles œuvres.

Presque nue, à peine voilée d'une draperie transparente, la mignonne chagrine a renoué sa ceinture, et elle songe, regardant, sans le voir, le chemin, le chemin désolé par où il est parti, lui. C'en est fini du poëme des amours printanières. La dernière note en a vibré et est expirée ; et la lyre fatiguée sous ses doigts est tombée ; elle s'est brisée sur le gazon. Près de l'enfant, et sans qu'elle le sache, l'amour

est accouru ; il pleure, cachant son visage ; il
pleure sa défaite à lui, et sa honte, à elle. La
douleur est grande et ne saurait être consolée.
Toutefois la douleur aussi finira ; il y a trop de
parfums dans le ciel, trop de chansons dans les
arbres. On ne sait pas, mais on devine, et
comme on devine, on s'arrête, et longtemps,
sans trop s'apercevoir que ce bois qu'on pressent n'est pas, et que ce fond harmonieux ou
l'on imagine mille choses n'est rien qu'un frottis de tons variés où courent des lueurs fugi-
tives, et que le peintre a eu cet art d'évoquer
un paysage avec un semblant de gazon en
talus, et un mystère singulier et doux d'ombres
et de clartés.

Un petit tableau qui n'est pas indifférent,
est celui de M. Henry Dutzchold, une porte sur
la rivière de Pont-Aven. Cette porte n'a rien
de bien curieux, mais une fillette est debout
sur le seuil, et elle regarde jouer deux papillons
blancs, au dessus d'une ravenelle poussée entre
deux briques du mur. C'est tout, et cela retient
le spectacteur.

Sans avoir plus d'importance, une toile de
M. Lucien Gros est aussi bien jolie. Elle est
d'abord d'une merveilleuse exécution. Elle représente une maison de paysans à Nice. La
maison est ornée de plantes légères et souples
aux feuillages délicats. Un escalier de pierre
y donne accès. Un paysan, un voisin, qui re-
vient de loin avec son âne dételé à la remise
prochaine, est en grande conversation avec la
dame de céans. En grande conversation, on
se trompe... Ni le compère ni la dame ne

semblent causer. Il y a des conversations où les silences sont plus nombreux que les paroles.

L'âne toutefois est là, immobile, tête basse, et qui rêve, le brave philosophe ! Il attend patiemment la fin de la conversation, et aussi la provende souvent promise pendant la marche.

M. Léon Herpin a exposé un grand paysage, la *Mare à Chennevières*, qui lui a valu, au Salon de 1875, une troisième médaille. Ce paysage est très bien étudié, d'une belle couleur et fort remarquable, malgré quelque lourdeur du ciel et des fonds.

Une gracieuse soubrette a réfléchi « Chacun son tour », se dit-elle (M. Ch. Hue, n° 251), et, souriant, après que son maître a pris son café, elle veut prendre, sa goutte d'eau-de-vie. Fi ! une femme qui se grise ! On lui pardonnerait pourtant ; son geste arrondi a tant de charmes !

Une admirable vue de Rouen est exposée par M. Ch. Lapostolet. La vue est prise du milieu de la Seine. Rouen est dans l'éloignement, perdu dans une masse au peu confuse d'où se détache l'horrible flèche de la cathédrale. Les premiers plans sont d'une infinie perfection. L'eau a une mobilité et une transparence étonnantes.

On a pensé devoir mettre à l'Exposition les deux tableaux du Musée : l'Offrande, de M. Alphonse Lecadre, et la Vue prise à Pont-de-l'Arche, de M. Sauzay. Idée contestable, et qu'il serait malaisé de justifier. C'est ce qu'on appelle proprement : dépouiller saint Pierre pour habiller saint Paul.

M. Ludovic Letrône a envoyé à l'Exposition trois toiles. L'une est assez insignifiante. Les deux autres sont superbes.

Le numéro 300, Grève de Guetary (Basses-Pyrénées), montre un paysage désolé. Tout est sable et rocher. La couleur en est chaude et belle. Le ciel manque, pourtant, de l'éclat qui conviendrait. Le numéro 302 est plus gai, et plus charmant à l'œil.

Du haut d'un de ces plateaux méridionaux où le gazon est aride et sec, mais où les lianes se développent, capricieuses et riches, on aperçoit la mer. Le soleil donne sur cette mer et la change, sur toute une partie, en une nappe d'argent, qui se frange sur ses bords d'une myriade d'étincelles. L'effet est piquant et d'un rendu achevé.

Une admirable tête de chien, de Mellin, se trouve aussi dans cette salle, où il faut encore signaler quelques bonnes toiles.

Deux, entre autres, de M. Richet, deux paysages, dont un, une clairière de forêt, est éclairé au second plan avec un art très fin. Il y a dans ces tableaux une entente supérieure et des réserves de lumières magistralement disposées.

Une petite dévideuse de Capri est peinte par M. Edouard Sain. Elle est bien gentille,

Enfin un paysage de M. César de Cock est d'une vérité extraordinaire. C'est bien vert, comme tous les tableaux de ce peintre, qui pourrait être un maître, s'il n'avait pas voulu être un fabricant, mais aussi c'est très vrai et d'une habileté extrème.

Ce paysage est inscrit au numéro 647, et représente une auberge aux environs d'Honfleur. Auberge rustique, cour de ferme, où les tables sont placées sous les pommiers, où le cidre est bon, où les buveurs sont joyeux.

L'œuvre est sans prétention. Elle n'en est que meilleure. Puis elle a un tel accent de vérité !

Salle nº 4

Comme les tableaux de MM. Lecadre et Sauzay, qui appartiennent au Musée, la plage de M. Allongé a été apportée à l'exposition et figure dans la salle nº 4. On a voulu que le déménagement fût complet. M. Allongé a un autre tableau au salon, c'est une petite étude bien franche d'un étang de Sologne, triste sous l'ombre des grands arbres dont les massifs noirs se succèdent en ligne monotone jusqu'aux fonds. Un troupeau de bœufs vient paître les maigres joncs de cette solitude mélancolique. L'impression a été ressentie, le tableau en donne l'écho juste.

Une ébauche hardie de M. Appian représente le moulin d'Artemarre (Ain). Elle est vigoureusement jetée et d'une heureuse tonalité.

Un tableau très correct de M. Jean Benner, est aussi, il faut l'avouer, absolument sans charme. Un jouvenceau en pourpoint rouge chante la romance à une dame en robe blanche. La dame l'écoute sans plaisir, le chanteur chante sans passion. On passe sans trop regarder.

Chaude et très chaude de couleur, la toile de
M. Berchère, inscrite au numéro 57, sous le
titre : Lisière d'Oasis en Egypte, est bien belle
et retient le spectateur en dépit de son extrême
simplicité ; un peu de feuillage, un peu d'eau.
quel trésor après la longue marche sur les
sables brûlants ! La caravane y fait halte ; une
tente est plantée ; on a de l'ombre pour dor-
mir, de l'eau où calmer la soif. Et là-bas on
sent l'implacable torture de la chaleur qui re-
prendra les pauvres gens après le repos. Que
de toiles sont plus grandes,

> Ou l'on voit qu'un Monsieur très sage
> S'est appliqué,

et qui disent cent fois moins, et qui sont cent
fois moins justes !

Deux tableaux de fleurs sont exposés par
M. Eugène Claude. L'un, une branche de pom-
mier, est bon à voir et charmant d'exécution.

C'est ici qu'il faut être sobre de critique :
M. Coëssin de La Fosse a entr'ouvert la porte
de l'atelier, et on peut entrer derrière lui.
Voyez ! debout devant le chevalet, la maîtresse
de céans, familièrement drapée dans son pei-
gnoir à ramages peint, avec plus de souci de sa
pose que de conviction dans son dessin, un
groupe de galants bergers. Près d'elle, une
amie admire poliment l'œuvre qui naît, mais
l'artiste, elle, ne prend soin ni du compliment,
ni du tableau ; elle se sent regardée, et n'a d'autre occupation que de pencher coquettement
son cou délicat et blanc, où s'agitent les fri-
sons rebelles au peigne du grand Léonard.

Passez sans rien dire, si vous ne croyez pas
devoir tenter un madrigal, mais passez.On s'est
mis en frais pour vous, vous le voyez et vous
ne serez pas cruels.

Venez plus loin, venez ici, dans cette franche
nature robuste qu'ignorait le siècle de la peu-
dre ; voyez les beaux arbres, énormes et libres,
cette mauvaise grange au chaume délabré, ces
pommiers, cette herbe grasse, où picorent les
poules. Respirez cet air pur, et si la galanterie
ne vous a rien soufflé de coquet pour les da-
mes en paniers de tout à l'heure, le respect du
talent vous inspirera mieux pour M. Colin dont
la ferme à Yport est une des meilleures toiles
et des plus remarquées de l'Exposition.

Les bons tableaux abondent du reste dans
cette salle. Tout auprès du grand paysage de
M. Colin, voici rêver, dans sa douce flânerie,
l'Italienne, de M. de Coninck.

Non loin d'une grève rocheuse, baignée par
la bleue Méditerranée, dont les flots lumineux
reflètent des aiguilles roses, la fillette s'est cou-
chée sur l'herbe, et y songe, accoudée, lais-
sant là son fuseau, à quelque plaisante pensée.
Souriante et spirituelle, elle regarde un avenir
prochain et s'en amuse, si sûre d'être belle
qu'elle n'a pas même souci de ses mains admi-
rables, et si sûre du bonheur qu'elle l'escompte
sans un scrupule. Près d'elle un lézard vert se
glisse ; des fleurs balsamiques croissent de
toutes parts, elle est trop occupée et n'a d'attention pour rien de ce qui l'entoure, cependant que le soleil accroche une étincelle au
cercle d'or pendant à son oreille et que l'om-

bre tournante s'éloigne de son gracieux visage
et va le livrer avant peu aux caresses de la
chaude lumière.

M. Maurice Courant a là une excellente toile,
une marine, *Gros temps*, qui est peut être l'œuvre capitale de cet artiste, jusqu'à présent, car
on ne doit pas rendre d'arrêts de ce genre à
l'égard de ceux qui sont jeunes et dont le passé
est une marche constante vers de meilleurs
succès. Bien que le ciel soit un peu lourd, cette
marine est très recommandable ; la grande
vague du premier plan est merveilleusement
traitée, et l'éparpillement des embruns sur les
roches est d'un rendu excellent.

Deux réjouissantes études de saules, soigneu-
sement achevées et un grand paysage représentent M. Defaux dans cette salle. M. Defaux
est arrivé à la renommée. Il est un des artistes
qui la méritent le mieux. Son grand paysage,
le *Printemps à Cernay*, est une œuvre excellente ; les arbres, aux écorces blanches tachées
de noir çà et là, ont un relief saisissant et rare,
et se détachent à merveille sur le fond roux
des arbustes en bourgeons qui croissent près
d'une berge enchantée.

Un tableau de fleurs, brossé avec une fu-
reur pleine d'habileté fait grand honneur au
talent de M. H. Delanoy.

M. Galbrund a exposé une belle étude de tête
Résignation.

Non loin de cette figure, un groupe d'hommes
assis à une grande table, vident les verres
qu'emplissent sans cesse leurs pages. Ceux-là,
paraît-il, ne sont pas résignés. Les Importants

conspirent contre le Mazarin. A vrai dire, ce sont d'habiles gens, car ils dissimulent avec tant d'art, que, sans le livret, on ne croirait jamais qu'ils conspirent. Ils boivent. L'un d'eux conte quelque conte intéressant, deux autres l'écoutent, le reste... ah ! le reste digère. M. Lucien Gros a peint ce tableau. Il est admirable, mais pourquoi diable, cela s'appelle-t-il : *Les Importants conspirent contre le cardinal Mazarin ?*

Un pauvre brave homme de peintre (bravoure n'est pas force) venait d'achever une œuvre de grandes proportions, surtout remarquable par ceci, que la couleur y était aussi triste que la perspective. Vers le milieu de la toile, l'artiste avait figuré une voie ferrée. Sur la droite, une gare rurale, dont les constructions dérobaient aux regards les wagons qu'on pressentait derrière une magnifique locomotive empanachée de sa fumée blanche.

Au delà du railway, un groupe de bonshommes accourait ; en avant, un petit personnage bleu tenait le bras en l'air, semblant secouer un mouchoir.

Voilà une mise en scène qui manque d'intérêt, mais la description est fort exacte et d'une couleur pour le moins aussi brillante que le chef-d'œuvre même.

Or, un jour, ce pauvre brave homme de peintre faisait à un amateur les honneurs de son atelier. Il l'amena devant sa grande toile et lui en détailla une à une les nombreuses beautés. « Mais voyez surtout, Monsieur, lui dit-il, cette petite figure qui agite un mouchoir. Les personnes qui ne connaissent pas la peinture ne sauraient dire ce qu'elle fait. Elles n'y comprennent rien. C'est bien simple pourtant ! Mon bonhomme appelle les gens qui sont là-bas et leur dit : « Dépêchez-vous. Le train va partir ! »

Il faudrait *beaucoup connaître la peinture* pour deviner que les personnages de M. Lucien Gros conspirent. Ce sont de vaillants buveurs, des conteurs joyeux ; ils ont le culte des bons vins, et, familiers, dans des poses abandonnées, ils goûtent leur bonheur, mais tout importants qu'ils sont, pas un d'eux ne pense au Mazarin, pas un n'a de haine contre lui: et la fronde, toute enrubannée, chansonnière et mondaine qu'elle pût être, fut plus grave et plus sérieusement menée.

Le peintre a dépassé le but. Il a voulu donner à ces querelles contre le Mazazin leur caractère d'inouïe légéreté. La conspiration a disparu dans le choc joyeux des verres. Il ne reste plus à table que des délicats merveilleusement parés et dont la bonne humeur ne saurait pas plus pour l'instant s'occuper d'un nœud d'épée que d'un complot.

Il reste un chef-d'œuvre d'habileté, mais l'œuvre d'art est mal venue.

Un fort joli bouquet de fleurs des champs est exposé par M. A. Kreider.

Dans un vase de cristal où la lumière a de magiques reflets, l'artiste a posé, sans art apparent, mais avec un goût exquis des fleurs vulgaires, des coquelicots, des bluets, des marguerites ! La richesse de sa palette et l'audace de sa brosse ont fait vivre ces fleurs sur la toile.

M.Emile Le Marié de Landelles a envoyé un grand paysage, la Ferme de Kérin (Finistère). Il y a de réelles qualités, mais les terrains sont découpés avec une sécheresse qui étonne et qu'on a peine à justifier.

M. Emile Levy a un grand et incontestable talent. Son tableau, l'Amour et la Folie, qui seul le représente au Salon, est très remarqué. Et c'est justice.

Vous connaissez la fable du bonhomme Lafontaine ?

La Folie et l'Amour jouaient un jour ensemble.
Celui-ci n'était pas encore privé des yeux.
Une dispute vint : l'Amour veut qu'on assemble.
    Là-dessus le conseil des dieux.
    L'autre n'eut pas la patience,
  Elle lui donne un coup si furieux
    Qu'il en perd la clarté des cieux.
    Vénus en demande vengeance.
Femme et mère, il suffit pour juger de ses cris.
    Les dieux en furent étourdis,
. . . .
. . . .
    Quand on eût bien considéré
L'intérêt du Public, celui de la Partie,
Le résultat enfin de la suprême cour,
    Fut de condamner la Folie
    A servir de guide à l'Amour.

Or, la Folie mène l'Amour ; elle guide sa marche et arme son bras.

Elle lui cherche le but qui lui agrée parmi les chœurs dansants des sylvains et des hamadryades, et l'Amour suit docilement ses volontés. L'œuvre est bonne ; toutefois plusieurs y font des critiques. On relèvera seulement ici une observation : Otez ses ailes et ses armes à l'Amour, le petit dieu sera méconnaissable. La tête de fillette que lui donne le peintre n'a aucun caractère de divinité cithéréenne et le modèle vient de Belleville bien plutôt que de Paphos.

Deux tableaux de M. Michel de l'Hay sont dans cette salle, tous deux très sobres, et tous deux bien originaux. L'un n'est presque rien : quelques fleurs voilées d'une ombre légère et dont les valeurs sont merveilleusement disposées. L'autre est peu de chose : Un coin de champ, limité par de petites constructions et des arbres maigres, et plus loin la plaine et des coteaux bleus. Cela est crânement enlevé, d'une étonnante justesse de ton, et d'un sentiment intense. C'est bien l'été, et c'est bien normand. Il n'y a pas besoin là de consulter le livret, on sait ce que le peintre a voulu dire, car il l'a dit, et sincèrement, et complétement.

Un panier de cerises et quelques roses ont suffi à M. Jules Michelot pour faire un tableau intéressant. Mme Puyroche-Wagner a aussi su tirer un excellent parti de quelques roses posées sur un lit de joncs.

M. Emile Renouf, de Honfleur, a exposé sous le titre : *Le Soir*, un très bel intérieur de ferme normande.

Le ciel est nuancé de vert tendre et de rose,
C'est la fin d'un beau jour à la fin de l'été.

2

Le soleil, penché sur l'horizon, darde des rayons
chauds qui illuminent l'herbe de larges bandes
de clarté allongées sous les pommiers épars.
Les bœufs, d'un pas paisible et lent, vont vers
la mare calme et noire. La nature est silen-
cieuse à cette heure, et l'on a conscience de ce
silence recueilli. Impression juste, bien sentie,
et rendue avec d'autant plus d'art que l'effort
est plus caché, qu'il semble n'avoir pas existé.

Il est malaisé de dégager avec cette force,
cette puissance, l'âme des choses, et on rend
cette justice à M. Emile Renouf de signaler qu'il
est de ceux qui savent voir au-delà de la forme,
qui analysent le sentiment éprouvé, en artistes,
et qui savent le traduire après, sans banalité,
avec une franchise indéniable.

Dans cette salle, vous verrez encore un tableau. Celui-là n'a pas été catalogué, mais vous
n'omettrez pas de le regarder, car c'est un admirable morceau.

La tête d'étude de M. F. Cormon a un
charme rare et délicieux, avec un soupçon
d'étrangeté qui ne la relève pas peu.

Beauté orientale, singulièrement parée, avec
ces filigranes et ces perles entourant d'un double diadème l'édifice bizarre des cheveux d'un
noir opulent, la femme qu'a peinte M. Cormon
est enveloppée dans une draperie rouge, mais
une épaule est nue. La tête est délicatement
penchée, les yeux froidement curieux, le sourire machinal et glacial, fait d'attention plutôt
que de joie. C'est quelque reine de sérail, avec
son ennui profond et sa nonchalance coutu-
mière.— C'est une œuvre hors ligne et superbe-

ment traitée dans tous ses détails. Regardez la main effilée et magnifique, qui s'étend dans un geste un peu surpris et qui porte distraitement l'éventail.

Cette étude est très belle, véritablement très belle.

Salle n° 5.

A Roydon-Mill, dans le comté d'Essex, il y a une rivière limpide qui baigne de grasses prairies et où les saules se mirent volontiers. Des ponts la recouvrent çà et là de leurs ais rustiques, et le pêcheur à la ligne les connait. L'endroit est une charmante solitude et on envie facilement le propriétaire des maisons banales qu'on y aperçoit, tant ces retraites empruntent de paix et de fraîcheur à ce paysage. S'adresser pour plus de détails, à M. Ballin (n° 24).

M. H. Baron a un tout petit tableau. Il porte ce titre : *A la Fontaine*, et est peint dans le genre de Diaz, avec des tons chauds et voilés qui sont très heureux. Cette fontaine, vous la verrez quelque part, du côté de Smyrne ou de Manissa ; six femmes y sont groupés ; l'une puise l'eau dans son vase aux larges flancs ; une autre, svelte et gentille, attend son tour, appuyée contre le mur de briques roses ; une troisième, railleuse, espiègle, s'amuse de l'attente, en regardant jouer un enfant que soutient sa mère, tandis que deux encore, dernières venues, portant l'amphore sur la hanche ou sur la tête, prennent place parmi leurs compagnes. L'une de celles-ci, qui occupe le centre de la composition, est éclairée discrète-ment et d'une manière fort gracieuse par le soleil, qui ard là-bas la plaine où se plaisent les oliviers.

Depuis la guerre de 1870, nos peintres qui figuraient en nombre dans les rangs de nos armées, ont appris ce qu'est le soldat, et appris ce qu'est la bataille. Ils ne recommenceront plus les machines théâtrales du genre du numéro 49, la garde à Magenta. Aussi passez : toute remarque est stérile. Le défaut qu'on reprocherait, nul n'y peut plus tomber.

Un peintre d'une valeur incontestée, M. Emile Betsellère, a représentée une servante de ferme saignant une poule, et a appelé ce tableau : *Premiers pas dans le crime*. Pythagore a lieu d'être satisfait de M. Betsellère. Cependant on peut douter que la leçon porte, et, voyez ! M. Betsellère lui-même n'est peut-être pas résigné à se nourrir de fèves. C'est une œuvre peu agréable, en dépit de son mérite.

Quelqu'un a trouvé bon de recommencer un tableau charmant de Vibert, la *Réprimande*, avec les mêmes personnages : un moine, une mère et sa fille. Il a prouvé, d'une façon qui ne saurait être discutée, que sur le même sujet deux œuvres peuvent être faites qui n'auront rien de commun entre elles, pas même l'intérêt, pas même l'esprit.

M. Pierre Carrier-Belleuse a exposé un tableau d'assez grandes proportions où le fonds de tapisseries antiques, une robe de velours, une sorte de fraise de mousseline, un coussin

bleu, un plat de cuivre, un sac de dragées
mille choses sont merveilleuses ; malheureusement le ton des chairs est fort maussade,
rachitique, malsain ; et quoique vaillent sépa-
rément toutes les parties, l'ensemble n'attache
pas. Il y avait pourtant une charmante idée à
rendre et qui pouvait séduire, dans cet échange
de sourires entre une mère et un enfant nou-
veau-né. L'idée n'est pas rendue, et l'éloge
s'arrête au faire qui a une énergie extraordinaire. Le *Plat du baptême*, nº 115, dit peu de
chose à qui le regarde, et bon gré mal gré, il
faut bien qu'on sourie de la manière dont l'artiste a disposé l'enfant et le sac de bonbons.
Après tout, l'idée du peintre est peut-être là
tout entière, et il se peut que le sourire de la
mère n'ait d'autre cause que le danger couru
par les bonbons.

Trois tableaux de M. Marc Chataud se trouvent placés fort près les uns des autres. Le
meilleur est une vue de la grande mosquée
d'Alger, à midi, avec ses fidèles étendus à terre,
et les babouches abandonnées, et le ciel bleu,
très chaud derrière les arceaux, et les hiron-
delles qui volent de toutes parts dans le tem-
ple. Un juif les bras chargés d'étoffes (nº 132),
mérite aussi quelque attention. On remarque
moins, ce semble, la rue des Janissaires où des
écoliers se battent, au milieu d'une étrange
confusion de couleurs.

Beaucoup de personnes admirent sans res-
triction les œuvres de M. César de Cock. Il est
original, on en convient ; mais pour le procla-
mer un maître, il faut trop fermer les yeux ; et,

ce fouillis de couleurs sans dessin, ces arbres longs et maigres comme des fils, ces procédés non déguisés, peuvent charmer tout le monde, on déclarera qu'on n'aime pas cela et qu'on juge surfaite cette réputation.

Précédemment déjà, on a vu un tableau de César de Cock, on l'a loué, très bien : c'est besogne faite. César de Cock ne sait qu'un effet et peint toujours le même tableau. Il suffit d'un éloge.

Ajoutez que le *Chemin du Lavoir* et le *Lavoir* lui même ne sont pas de ses meilleurs tableaux.

M. Coëssin de la Fosse a dans cette salle, un *Lansquenet*, cavalier superbe, aux traits hardis. Ce lansquenet assis parmi des armures, examine un riche collier avec une grande attention. D'un bahut ouvert près de lui, de splendides étoffes sont tombées et mêlent leurs plis lourds et leurs couleurs chatoyantes. Cela est fort joli, mais, s'il vous plait, où donc se trouve ce lansquenet ? Chez un marchand de bibelots. — Si l'on se trompe, expliquez la présence de cette vieille horloge qui gît, démodée, sur le sol avec ces cuirasses et ces brassards.

Une charmante vue de la Seine au pont de Sèvres, par M. Lucien d'Eaubonne plait au regard et séduit avec la fraîcheur de ses coteaux, et son très humble port de débarquement où sont amarrés quelques bateaux.

Un des plus éminents peintres de l'école contemporaine, M. Elie Delaunay, est représenté à l'Exposition par une admirable étude, qu'il a peinte à Rome, d'un Mercure occupé à son ca ducée. M. Delaunay dessine à merveille ses figures et leur donne des contours fermes et impeccables. Ce *Mercure* est une des plus remarquables toiles de l'Exposition. Les fonds sont classiques, avec une tonalité bleue de convention, mais qui donne une extrême vigueur aux chairs. M. Elie Delaunay est des premiers de notre époque.

M. J.-P. Laurens n'occupe pas un moindre rang dans l'école française actuelle. Le Salon a de lui l'*Interdit*, toile déjà célèbre et d'un effet étonnant.

On connaît l'œuvre, ce portique d'église byzantine, encombré de branchages et où les croix sont voilées de crèpes, cet enclos funèbre, où sont exposés à la chaleur d'un soleil torride les corps des défunts, et ce fragment d'une vieille chronique que, pour expliquer le sujet, l'artiste a transcrit sur son cadre :

« Quel horrible, quel affreux spectacle dans toutes les villes ! Les portes des églises fermées, leur accès interdit aux chrétiens comme à des chiens ; les offices divins suspendus, les sacrements interrompus, le peuple ne venant plus aux fêtes des saints, les cadavres privés de sépulture chrétienne et leur odeur infectant l'air, et leur horrible aspect remplissant de terreur l'esprit des vivants..... (R. de Coggeshale, *Chronique du XIe siècle*.) »

On ne recommencera donc pas une description souvent faite. Aussi bien, on veut faire remarquer à quel point M. J.-P. Laurens a multiplié ses efforts pour arriver à obtenir cette impression douloureuse qui vous frappe devant sa toile, et qui vous suit, pesante comme un rêve mauvais. L'œuvre a été souvent remaniée, et tenez ! vers le milieu, sur le sol, vous retrouverez, dans la pâte, la trace d'un cadavre qui a été plus tard reporté vers la gauche. Avant ces remaniements, le peintre avait tracé d'autres ébauches de son tableau, et dans sa première idée, il avait voulu montrer le refus des sacrements. Il avait pour cela ouvert la porte de droite, et un cortége nuptial s'y présentait. C'est alors que, devant l'église close, l'effroi se peignait sur les visages, et tous reculaient, saisis d'horreur.

Vous savez à quel parti le peintre s'est arrêté. Quelque donnée que vous préfériez, l'artiste a eu raison, car son œuvre est forte et poignante. Il a un tempérament vigoureux, un peu sombre, et se plait d'ailleurs à ces scènes terribles de l'histoire religieuse. Son *Pape Formose* a fixé la mesure de son incomparable talent.

M. Ch. Lhullier a donné trois tableaux : de petits *Joueurs d'échecs* fort intéressés à leur partie et aussi fort intéressants ; une retraite Louis XV, peinte dans des tons gris d'une grande finesse et où le groupe de soldats est admirablement dessiné, et un beau portrait de M. M***. On retrouvera plus tard du même un autre portrait qui est un chef-d'œuvre.

Un intérieur breton de M. Eugène Martin, l'Heure de la Soupe, est d'un bon dessin. A noter, principalement le vieillard qui s'asseoit, passant, non sans effort, sa jambe de l'autre côté du banc.

De M. A. Veron, on remarque un joli paysage, bien éclairé, la Vue du Collége Saint-Vin-
cent (Oise). Les constructions du collége, dans
une ombre violacée, se profilent au second
plan, en arrière d'une prairie calme, où court
la Nonette, sur un ciel illuminé par les der-
niers rayons du soleil.

Le site est calme et admirablement choisi.

Ici, la pointe Saint-Eustache est représentée
par M. Félix de Vuillefroy avec toute sa popu-
lation de forts, de marchands, de chalands et
de badauds, très mouvementée et très vivante-
On sait bien qu'un peu de lourdeur est repro-
chée dans les fonds pas assez enveloppés de lumière, que l'on blâme aussi quelques personnages empruntés, paraît-il, à plusieurs tableaux;
mais où la critique ne mord-elle pas, quand
on la dresse à mordre? et combien se sentent forts parce qu'ils blâment, qui ne sont
qu'impertinents? Il est plus difficile de regarder l'ensemble que le détail; mais il faut voir
l'ensemble, ou renoncer à regarder.

Salle n° 6.

Dans les Dunes de la Zélande (n° 41), Mlle
Beernaert, de Bruxelles, a découvert un coin
de paysage dont elle a su fixer avec un rare
talent la poésie triste et sauvage sur la toile, en
en reproduisant, non sans vigueur, les végéta-
tions maigres et tourmentées, et les chemins
de sable tracés dans les pâles gazons, d'une
telle façon que l'impression reste vive et pro-

fonde de cette nature malheureuse, et de ce ciel chargé de nuages.

Un autre tableau de Mlle Beernaert, les Bords de l'Escaut, moins original, mais excellent encore, représente une berge aimable, où de grands arbres font une ombre charmante sur une belle pelouse. Cette œuvre est beaucoup moins personnelle, et on juge ceci comme incontestable, que : l'œuvre d'art doit être personnelle.

Il y a des gens fort honnêtes qui peignent convenablement et comme tout le monde. Dieu les garde ! Mais à quoi bon leurs travaux ? On n'a le droit de peindre, comme le droit d'écrire, que lorsque l'on peut dire quelque chose de nouveau.

Musset a bien déclaré

.....Qu'il faut être ignorant comme un maître d'école
Pour se flatter de dire une seule parole
Qu'aucun autre, ici bas, n'ait pu dire avant nous.

Et que...

C'est imiter quelqu'un que de planter des choux.

mais, en disant cela même, il sut être original, et c'est pourquoi son œuvre est restée. Tout artiste qui n'a pas un tempérament (au théâtre on dit : une nature) peut être un fort honnête homme, mais un artiste, jamais ! Le tempérament est la première qualité.

Voici, sous la main deux exemples : M. Boudin expose une vue de Trouville et une vue de Deauville. Il a un tempérament, on le regarde, on le discute, on le critique. Il est quelqu'un et il occupe un rang.

M. Bouel expose un grand paysage : La Rivière d'Yères, à Brunoy. On regarde, et après on oublie. L'habileté de main ne suffit pas à constituer l'œuvre. On se souviendra mieux d'un bord de Seine, à Mantes, étudié sur la nature par M. Frédéric Christol, et qui forme un paysage calme et délicieux.

Le chapitre des Rivières est considérable. Après les bords de la Toucques, les bords de l'Yères, les bords de la Seine, voici les bords d'une rivière innommée qui ne fera pas honneur à M. César de Cock ; du moins il appelle ainsi une tache d'un vert cru, assez cavalièrement rayée de bâtons noirs, au hasard du pinceau. Si César de Cock est un maître, malgré tout, il serait plaisant de voir les œuvres de ses élèves.

Ne quittez pas encore les berges chères aux peintres. Dans le tableau de M. Coëssin de la Fosse, n° 148, le ruisseau, le ruisselet n'est plus que l'accessoire. Deux personnages sur l'herbe : une merveilleuse, avec son costume d'une simplicité antique et bizarre à la mode de 1774, qui pêche à la ligne, et un poète léger, étendu sans façon sur le dos. Celui-ci vient de rimer quelque madrigal pour Chloris, et il le lui lit, en en soulignant amoureusement les finesses avec de petits gestes bien prétentieux :

Vous n'avez pas besoin d'hameçons ni de lignes,
Chloris ; de tels fardeaux chargent en vains vos bras.
Et que vous plaisez-vous à ces travaux indignes,
    Quand, pour causer mille trépas,
    L'amour vous donna vos appas ?

Et Chloris lui riposte aussitôt avec un sourire
non équivoque :

> Chevalier, je vous remercie
> Mais voilà des vers superflus.
> Pêcher c'est dans ma fantaisie ;
> Vous, en vos vœux irrésolus,
> Péchez-vous pas par poésie ?
> Allez donc, et ne péchez plus.

Vous demanderez s'il y a tout cela dans ce
tableau ? Certes, et plus encore : outre beaucoup d'esprit, il y a dans cette toile beaucoup
de talent.

Un très joli paysage, effet de matin : Vue de
l'Ecole Saint-Cyr, de M. Paul Colin, est très frais
et très charmant, bien que sa composition soit
sobre presque jusqu'au rien. Un peu d'herbes,
un bord de chemin, quelques pommiers et un
moutard étalé sur le ventre et qui se mire dans
une flaque d'eau font tout le sujet. Mais cela
si matinal, si bien baigné de rosée, que ce « peu
de chose » acquiert un intérêt réel.

Une cabane de sabotier abritée par un groupe
d'arbres, et dont le chaume, rapidement in-
cliné, tombe très bas, comme pour dissimuler
à tous les yeux un asile de bonheur modeste et
vrai, a fourni à M. Emile Dameron l'occasion d'un
bon tableau. De même, il sied aussi de signaler
une Rue de Foucherolles, où les nuages et le
soleil qui se glisse parmi eux, font alterner
d'une manière piquante les ombres et les lumières. Le paysage est bien mouillé de pluie, et
l'effet est complétement rendu, comme le peintre l'a cherché.

Ce n'est pas gai, Foucherolles ; les maisons y
sont rares ; mais ce ne sont pas des coins à dédaigner, ceux où chaque maison a son jardinet,
sa pelouse inculte et son arbre.

M. L. Dubourg habite Honfleur. Ne croyez
pas qu'il va chercher ses sujets en Turquie,
comme font bien des peintres. Il sait goûter,
en artiste, le charme du pays qu'il voit, et, sans
sortir de son arrondissement, sans presque
sortir de sa ville, il trouve mille thèmes pour
ses pinceaux ; l'habitude n'a pas émoussé son
attention. Il voit à merveille et il traduit fidè-
lement. Son assemblée de la Pentecôte, à Honfleur, est vivante et animée. Les baraques fo-
raines sous la verdure des grands arbres étalent leurs couleurs joyeuses, et la foule qui se
presse de toutes parts agit, marche et bruit.
Quant à la petite plage que vous verrez dans la
même salle, elle est aussi ravissante et, vivement brossée avec ses groupes de promeneurs, elle ne manquera pas d'attirer vos
regards.

Changement de décor. Un coin d'église. M.
François Flameng n'y a répandu qu'un jour
mystérieux descendu des vitraux richement
peints ; et un chantre au lutrin se trouve seul
en pleine lumière. Ce tableau très étudié est
remarquablement dessiné. Une tête de bedeau
à gauche y est surprenante de vérité. Par malheur, les musiciens du fond sont très lâchés, et
comme la composition du tableau force à les
voir, puisquils se trouvent au beau milieu de
la toile, on est bien contraint d'en remarquer
les défauts. C'est vraiment dommage. Il y a de

grandes et sérieuses qualités dans cette belle œuvre.

M. Paul Lecomte a envoyé une petite étude de paysage, qui sous le titre : Au bord de la mer, représente un sentier dans des prairies maritimes. Cette étude est bien peinte et très agréable.

Un intérieur d'église de M. de Los Rios, ne dit pas grand'chose. Cette église est celle de Dives-sur-Mer.

Pourquoi M. de Los Rios n'est-il pas plutôt resté hors de cette église ? Quel admirable tableau on pourrait faire avec la perspective de sa grande tour carrée hantée des corbeaux et qui se dresse, immense et imposante au-dessus de la forêt des clochetons et de ces pointes brodées qui montent comme des flammes aux côtés des portiques et au-dessus des chapiteaux, œuvres des maîtres oubliés et souvenir d'un temps disparu.

Ce coin d'église est banal. Le pittoresque était à côté.

M. Rosier aime Venise. L'exposition a de lui une vue de Santa-Maria-della-Salute, dont le dessin est parfait et la couleur exquise. M. Rosier quitte peu Venise. M. Fabius Brest ne quittera jamais Constantinople.

Cependant, voici qu'il s'en est un peu éloigné, et dans les environs de la capitale du sultan, il a dessiné le Kief de Harnour. La place entourée d'arbres aux branches entrelacées est pleine d'ombre, et des bassins et des fontaines y répandent une douce fraîcheur. Aussi ces braves mahométans y sont-ils réunis en foule, et y flânent, pendant que de ci de là, des marchands s'occupent à faire leurs offres.

Deux portraits de Carolus Durand et de Firmin Girard, un portrait de femme et un portrait d'enfant, sont sans conteste les œuvres les plus remarquées de cette salle. Ces deux maîtres ont des défauts qu'ils aiment et des qualités qu'on estime. Ils ont mis défauts et qualités dans leurs portraits, et les uns et les autres attirent l'attention.

Des toiles plus modestes ne sauraient pourtant échapper aux regards de personne ; et vous ne manquerez certes pas, par exemple, d'admirer entre autres deux paysages superbes de M. Veron. L'un d'eux, les bords de la Nonette, à Senlis, a d'étonnants effets de lumière dans un massif de jeunes arbres. L'autre, a un ciel admirablement dessiné ; celui-là. c'est une vue de la cale de radoubage des bateaux de pêche à Boulognè-sur-Mer, nᵒ 658.

Le même artiste en a bien un troisième dans la même salle, mais il est beaucoup moins bon, et donne une vilaine idée de ce que peut être le printemps à Senlis.

Salle nᵒ 7.

Monaco avant l'orage, nᵒ 7. — M. Appian a pris ce prétexte pour une superbe marine d'une couleur puissante et d'un bon dessin. Monaco n'est rien qu'un prétexte et s'élève en masse confuse tout au bord du tableau, comme pour expliquer seulement la présence de quelques bateaux au mouillage. Ce tableau est incontestablement une des meilleures marines du Salon.

Un marchand a exposé, de Veyrassat, un croquis : Vue prise à Ecouen, où l'on voit deux femmes et un enfant s'en aller sous les pommiers, vers une charrette attelée à quelque dis tance. Cette indication n'est pas même poussée à l'état d'ébauche. Qui donc trompe-t-on ici ?

De M. Ballin, une jolie marine : Barges remontant la Tamise, est habilement peinte et agréable à voir. On n'en saurait dire autant d'une toile de M. Baugnies, où une marchande de roses, tournant le dos au public, marche, en offrant au passant, dans une rue du Caire, dont les maisons ne sont pas d'aplomb, les plus tristes et les plus affreuses roses de son panier.

Encore une marine : Les Piliers du Scornée, à Belle-Isle-en-Mer (Morbihan), de M. Léon de Bellée. Le spectacle de la mer est grand et toujours mélancolique. L'impression en demeure accablante. Cette impression est presque intraduisible, car elle est faite d'immensité et de tristesse ; elle réside toute dans le contraste du spectateur au spectacle. M. Léon de Bellée l'a traduite pourtant, et quoique le dessin de ses vagues et notamment de sa grande gerbe d'écume d'un plan éloigné ne soit pas irréprochable, on tient son œuvre en grande estime.

M. Betsellère a dans cette salle une belle étude de tête de cheval, bien vivante et largement peinte. Le livret déclare que cette étude

a été faite pour le portrait équestre du maré-
chal Mac-Mahon. Cela ajoute peu d'intérêt à
l'œuvre exposée.

S'il était peint avec moins de sécheresse et
dans des tons plus agréables, le tableau de
M. Bligny, où des oficiers de l'empire, réunis
dans un café lisent les gazettes, cherchant des
nouvelles de l'armée, ne manquerait certes
pas d'être remarqué. Il est d'un dessin heureux
et joliment composé.

Une vue du Vieux port du Havre, de M. Cassinelli, reduit cette pauvre tour François-Ier
au rôle assez piteux de repoussoir pour les
éblouissements oranges d'un soleil couchant.

M. Charpentier possède le grand art de faire
des figures parfaitemcnt dessinées, peintes non
sans mérite et qui manquent absolument de
charme. Une *Graziella*, devant laquelle on a
passé, s'est parée en vain d'un costume de
théâtre tout en velours et galonné d'or, on
ne l'a pas remarquée, et une *Maria*, n° 127,
devant laquelle on passera, n'a pas plus de
succès. Mais qu'est-ce que le charme ? Ces figures manquent de ce don; que leur faudrait-il
pour charmer ? Le charme n'est pas la correc-
tion ni l'habileté; il n'existe exclusivement ni
dans le contour ni dans la couleur; mais il
prend quelque chose à tout cela, et le plus habile n'en saurait dire davantage. Le charme
constitue l'art. Il naît souvent de quelque
abandon. Il est dans l'expression. Il est l'art
même. La meilleure définition, — et elle est
mauvaise, — en serait celle-ci : Le charme est
un secret qui ne s'apprend pas et une influence

à laquelle on ne peut résister. C'est la poésie de la figure, l'âme et le parfum de la chose.Qui ne se contente pas de cette explication peut consulter de plus savants. L'observation n'en est pas moins juste et sujette à facile vérification.

Et pour preuve, veuillez examiner le tableau de M. Paul-Alfred de Curzon, n° 163, Sérénade dans les Abruzzes. Il y a des tons d'une finesse exquise, le dessin est d'une pureté et d'une précision infinies, la composition est irréprochable; la lumière, bien distribuée, éclaire avec une justesse superbe le personnage principal. Eh bien ! malgré tant de qualités, l'œuvre n'intéresse pas. Le charme lui manque.

Contre épreuve, M. Daveau a peint un bout de quai. Un brick napolitain y est amarré et débarque du blé. Sur le premier plan, appuyé contre un pieu d'amarrage, un douanier attend, les bras croisés, la fin de sa faction. Cela n'est rien. Mais c'est vrai.Il y a une impression bien rendue de vie et de mouvement. On s'arrête et on regarde longuement.

Charmante encore une berge printanière de l'étang de Ville-d'Avray, coquettement et vraiment rendue par M. Lucien d'Eaubonne.

Une antithèse. — Il y aurait une bonne et curieuse étude à écrire sur le rôle de l'antithèse dans l'art contemporain. L'antithèse a, si nous ne nous trompons, en tant que moyen d'art, source d'inspiration et procédé de style été inventée par Victor Hugo. C'est à l'antithèse qu'on doit *Notre-Dame-de-Paris*, *Lucrèce Borgia* et *Le Roi s'amuse* et presque tout ce qu'il y a de bruyant et d'illustre dans l'œuvre du poète, y compris les odes à la *Colonne*, car, suivant un mot de Baudelaire, les « parties ombreuses » de cette œuvre admirable, les pages intimes, les plus délicates, ne sont connues et louées que d'un petit nombre de délicats.

L'antithèse est une ressource précieuse, comme un masque de génie, apte à couvrir tout visage, comme à cacher toute impuissance. Somme toute, on la condamnerait. Pourtant, il y a d'heureuses antithèses, et celle que M. Galliac a entrevue, et qui lui a fourni le sujet de son tableau, n° 225, est bonne et féconde.

Dans la plaine couverte de neige, des premiers plans à l'horizon et qui s'étend sinistre sans un pli, sans un tertre, un cuirassier est étendu mort, une jambe encore prise sous son cheval frappé aussi.

Près du malheureux soldat, les oiseaux de proie s'acharnent. L'un est un juif ignoble ; l'autre un ignoble corbeau ; celui-ci le dépouille, celui-là attend son tour, le premier en veut à son or ; le second, à sa chair... Les anciens considéraient une sépulture comme un bonheur et la sollicitaient comme une grâce.

L'antithèse est excellente entre le vieux rôdeur des champs de bataille et l'oiseau moins sinistre et moins hideux.

Un joli paysage bien peint avec des contrastes habilement ménagés de tons bleus et rouges fait honneur à M. J. Guiaud. C'est le numéro 235, Eglise de Saint-Julien à Brioude : On a remarqué peut-être dans une autre salle, un

second paysage, du même artiste, représentant
dans une agréable tonalité, la façade de l'Eglise
de Saint-Laurent, à Falaise.

Le tableau qui, dans cette salle, attire le plus
les regards, est signé P. Jourdain.

M. P. Jourdain est un jeune artiste d'un
grand avenir qui dessine admirablement et qui
peint aussi bien qu'il dessine. Il a pris pour sujet un *Episode* du Combat de Montretout, si
l'on consulte le livret, mais on contestera ce
mot épisode qui paraît absolument fautif dans
le cas présent.

Un épisode est, aux termes des dictionnaires,
une action incidente et secondaire liée à la
principale.

Exemple : La mort de Henri Regnault frappé
dans ce combat du 19 janvier 1871 serait un
épisode.

Loin de figurer un épisode, M. Jourdain a
représenté le combat même, une heure de ce
combat; il nous montre la garde nationale parisienne épaulée derrière les haies et les sque-
lettes d'arbres d'hiver attaquant la redoute à
sept heures du matin.

Pas de personnage principal ni de groupe
harmonieusement composé comme il conviendrait dans un épisode, mais des combattants
en ligne, une action pleine d'épisodes, un vrai
combat, où l'on attaque, où l'on meurt. Ce
blessé qu'on enlève, épisode ; ce lieutenant
mutilé qu'un ambulancier panse et reconforte,
épisode; ce clairon épaulé derrière un arbre et
qui fait le coup de feu, épisode ; cet officier debout dans la fumée et qui dirige l'action sans

souci d'une pluie de balles, épisode. L'ensemble, une action.

Ce n'est que depuis 1870, que les peintres français connaissent la guerre. Ils l'ont tous faite. Auparavant, on en était resté aux grandes machines solennelles, aux *batailles d'Alexandre*, de Ch. Lebrun. On a déjà observé cela dans le cours de cette étude. Mais cette transformation a été si rapide, si considérable que ce n'est peut-être pas un grand tort de la signaler à deux reprises.

Donc, on n'aura que des éloges pour l'œuvre de M. Jourdain, si vivante et si sincère, et on salue volontiers en cet artiste un bel et puissant avenir.

Il y a de plaisantes oppositions dans des travaux du genre de celui-ci.

Le nom de M. Charles Landelle vient à présent sous la plume, et de guerre atroce on se trouve transporté en pleine paix, dans un asile calme et doux, où rêve, belle de la fleur de ses seize ans, une gentille Marguerite oublieuse des fuseaux. Le livret dit : *Rêverie à seize ans* et cote cette rêverie au numéro 263. Ceci est un 'es plus jolis tableaux de petite dimension qu'on puisse admirer en ce salon.

Deux jolies études de la Forêt de Fontainebleau mettent en lumière le nom de M. Louis Lapierre ; l'une de ces études surtout est curieusement étudiée, et les entrelacs bizarres de branches tourmentées des chênes y sont rendus le plus naturellement du monde.

Un amusant Intérieur Japonais, de M. Adrien Marie est peint avec un grand soin, et appelle l'attention par l'éclat splendide des couleurs, le dessin agréable de deux figures, et surtout la perfection des accessoires : un vase de fleurs et deux petits meubles en laque sont entre autres d'un fini étonnnant. Cela n'est, en somme, qu'un amusement d'artiste, et il messiérait d'en juger autrement.

Deux Servantes, de M. Eugène Martin (des soubrettes seraient plus jolies et plus accortes), sont loin de valoir l'Intérieur Breton dont il a été parlé déjà.

Un magnifique bouquet de Chrysanthènes, exposé par Mme Euphémie Muraton, et deux bonnes Marines, de M. Jules Noël, où la couleur est prodiguée en reflets multicolores sur les vagues, en notes éclatantes sur les bâtiments seront encore à voir, ainsi qu'une brillante rade de Toulon, dont l'azur étincelle (nº 418. M. Valentin) et.... c'est à peu près tout ce qu'il faut voir dans cette salle, bien garnie, à la vérité.

Salle nº 10.

Ici un couloir sombre. On y a caché les eaux-fortes. Puis deux petites salles réservées aux dessins, aux aquarelles, aux pastels, aux miniatures, etc.

Enfin la salle nº 10 renferme encore un certain nombre d'œuvres de peintres.

Vous y trouverez deux tableaux de M. Asselineau, ce vaillant ami du Havre, qu'il chérit au point d'avoir pour la dernière fenêtre de sa dernière maison le soin le plus exact et le plus minutieux. Quelle que soit l'opinion que l'on conçoive de ces reproductions scrupuleuses, il faut bien reconnaître le mérite qui y est dépensé, et si on le considère, on s'en étonnera.

Dans un des tableaux qui sont sous vos yeux, la Place des Pilotes, examinez seulement les personnages. Vous nommerez chacune de ces figures par son nom, vous direz : c'est un tel, et parfois vous verrez de ces démarches si parfaitement surprises, de ces contours si absolument vrais, que vous sourirez, disant : C'est vraiment bien cela.

On ne s'illusionne certes pas sur la valeur vraie de ces travaux ; mais, s'il vous plaît, venez dans certaine galerie qu'on imagine volontiers. Là, sont mille tableaux ; chacun d'eux, traité avec ce même soin presque puéril, représente un coin du Havre, une rue, une place, un quai. Dans cette rue, sur cette place, sur ce quai, les gens sont représentés allant et venant, avec leurs costumes exactement et complétement dessinés comme en un journal de modes. Il y a là des tableaux datant de toutes les années passées depuis la fondation de la ville; chaque carrefour y est en autant d'œuvres qu'il a subi de modifications ; il y a son histoire propre ; et de tableau en tableau, on peut suivre comme en un livre, de chapitre en chapitre, les annales intimes de la cité et de ses habitants.....

Voyez de quel intérêt serait cette galerie. Et par suite, regardez comme il convient les tableaux de M. Asselineau. Vous ne serez pas éloigné de désirer qu'il ait des élèves et des continuateurs.

M. Armand Beauvais a exposé un fort joli paysage, d'une composition très simple et très charmante (no 39).

Un troupeau de moutons traverse la prairie sous les pêchers en fleur, qui se dressent en vastes bouquets roses. Une ligne d'arbres clôt l'horizon, et on y devine le tumulte joyeux des trembles. Ce paysage est habilement traité, sans surcharge ni abandon. Il fait plaisir à voir.

A remarquer aussi un bon paysage de M. Bernier : Chemin couvert (no 62). Les jeux d'ombres et de lumières sont bien justes et donnent de l'intérêt à un coin de bois assez ordinaire en somme. Quel magicien que le soleil ! Comme une seule tache lumineuse sur les herbes, un seul rayon oblique sous les branches transforment un site, et qu'il est heureux celui qui sait fixer ce presque rien — qui est presque tout,— avant que l'étincelle superbe n'ait cessé de rayonner sur les gazons, que la flèche d'or, comme disait Glatigny, n'ait cessé de vibrer sous les ramures !

M. Clédat de Lavigerie a mis à l'exposition de certains Bords de la Rivière d'Harfleur qui offrent ceci de particulier, que l'on n'y voit ni bords ni rivière. Mais n'épiloguez pas. Le tableau est bon et bien fait. M. Clédat aime le dessin, cette probité de la peinture, et il dessine d'une manière excellente. Il a bien un peu le défaut de sa qualité, et quelquefois il pousse le dessin jusqu'à la sécheresse. Mais admirez la délicatesse de ses feuillés ; on sent passer le vent dans ses branches. La lumière transparaît au travers de ses arbres, et, au contraire de bien des artistes, il aime fouiller les détails de ses premiers plans. Sa couleur est bien un peu froide et il gagnerait à la réchauffer ; mais tel qu'il est, il mérite d'être estimé, car il a une valeur très appréciable et déjà bien reconnue.

M. César de Cock a un frère qui s'appelle Xavier. M. Xavier de Cock n'a pas la réputation de M. César ; aussi, tandis que M. César barbouille, lui, il est obligé de peindre. Il a dans cette salle une toile représentant des groupes de bœufs qui vaut cent fois mieux que le Lavoir, que le Chemin du Lavoir et que la Rivière sous Bois. car sa prairie à lui est au moins une prairie, et non pas une tache. Au premier plan, dans une ombre transparente, un groupe d'enfants est charmant. Quelques-uns soupçonnent M. Xavier de Cock de dessiner les personnages dans les tableaux de son frère. Il est fâcheux qu'il n'y fasse pas aussi le reste.

De deux paysages de M. C. Courtin, il y en a un que l'on aime et et un que l'on n'aime pas. Celui que l'on aime représente des hêtres dans la forêt de Fontainebleau.

Deux tableaux de M. Defaux sont dans cette salle : une très jolie Bergerie, puis une étude de Temps orageux, vigoureusement brossée en hâte.

Deux tableaux, aussi de M. Dubourg : une étude printanière de Hêtres, qui est bien venue, et un coin de Plage à Honfleur. Les figures y sont superbement dessinées ; à l'horizon, il y a des groupes de bâtiments disposés avec beaucoup de bonheur et baignés d'air.

M. Louis Engler a exposé, avec un Repos de Chasse, qui n'est pas indifférent à beaucoup, une petite toile, Chiens et Poules, où les chiens, peints de main de maître, occupent le premier plan, tandis que les poules sont reléguées tout au fond et viennent picoter là on ne sait pourquoi.

Une très belle marine de M. d'Ivernois (Navire en rade, n° 256) est à voir.

Regardez aussi deux très amusants croquis de M. Lanfant, la Blanche et la Noire, n° 267.

Voyez un peu ce que c'est que de mettre chaque chose à sa place. A l'exposition, la Vue de la Ferme de Saint-Siméon, par M. Lecamus, est un vilain tableau. Ce serait une magnifique enseigne. Mme Toutain , propriétaire de la ferme Saint-Siméon, à Honfleur, devrait acheter cette peinture. La promesse d'ombrages aussi épais ne serait pas d'un petit attrait pour les promeneurs de juillet et d'août.

Le même M. Lecamus a pourtant fait un vrai tableau : la Grande Futaie (forêt de Fontainebleau), n° 280.

M. P. Lemore, qui a, au Salon, deux tableaux assez médiocres, en a aussi un très bon, qui se trouve dans cette salle, au numéro 295, et sous le titre : Full Speed. Ce groupe de chevaux est dessiné à merveille, et les jockeys sont aussi très habilement faits.

Deux Capucins lisant la *République Française* sont signés : Meissonnier. Au prix qu'on en demande, on pourrait croire qu'ils sont du père ; au tableau, on ne voit que trop qu'ils sont du Fils.

Une excellente étude de poulet, d'après nature, avec quelques écrevisses faites de *chic* et une branche de laurier de convention, puis un joli groupe de fruits, formant pendant de l'autre tableau, représentent dans cette salle, et non sans honneur, M. Jules Michelot, dont le nom a déjà été remarqué.

M. Noterman a peint avec grand talent une bonne tête de bouledogue, très expressive et bien vivante.

Il y a du mérite aussi dans une petite toile de M. Papeleu : Boulevard de la Madeleine, au mois de janvier. Cela est d'une couleur très juste et la gamme blanche est habilement réservée ; les personnages se meuvent dans cette neige bien piétinée, et leurs allures sont appréciables. Il convient qu'on remarque ce tableau.

De M. Edouard Sain, vous avez déjà vu une Dévideuse de Capri, habilement peinte. Voici maintenant une Fileuse au teint bruni. Le dessin en est irréprochable, et il y a là beaucoup de savoir-faire.

Le nom de M. L. Saraben reviendra plus loin ; tant mieux, car ici, quelque indulgent que l'on soit, il faut bien qu'on le reconnaisse, son Pâturage (n° 392) est une réminiscence ; quant à son Troupeau de moutons, c'est un brouillard. Puisqu'il a tant fait de recommencer sa signature, qu'il avait trouvée illisible, pourquoi n'a-t-il pas achevé son tableau, qui est indéchiffrable ? Cette ombre de berger qui promène ces ombres de moutons à l'ombre de ce bois fantôme, n'a pas l'ombre d'intérêt.

Un tableau de fleurs, de M. B. Thollot, a de bonnes parties. Une bourriche d'anémones, de M. Unternahrer, n'a rien de désagréable. On n'en saurait dire autant de son Repos du modèle (n° 416).

M. Washington a dans cette salle un tableau tout petit, mais très remarquable, où deux chevaux arabes, maîtrisés avec peine par leurs cavaliers, sont parfaits de formes et de couleur.

Mais, si l'on parle d'Orient, n'oubliez pas M. Fabius Brest. Voici la petite maison, le massif d'arbres, l'eau bleue, les barques et les matelots à fez rouges, de rigueur dans les tableaux de ce peintre. Cela s'appelle ici : Village de Beïcos, sur le Bosphore.

Salle n° 11.

La salle n° 11 n'est rien autre qu'un long corridor où un petit nombre de tableaux ont été déposés, à la grande colère de leurs auteurs.

Il y en a fort peu d'ailleurs dans cette faible quantité qui paraissent valoir une mention. Toutefois, on n'oubliera pas une toile bien fraîche de M. Eugène Battaille, qui représente des baigneurs à la pointe de l'île Séguin.

Deux paysages de M. Victor-Louis Béguin mériteraient peut-être aussi quelque attention; mais on les a logés si haut, si haut, qu'il y aurait vraiment trop de témérité à les juger.

Que n'a-t-on plutôt dissimulé vers les hauteurs une sorte de panorama bien insignifiant de la Hève et du restaurant Mainier, qui porte

la signature d'Eugène Bellangé et qui est loin
de valoir, non peut-être comme exactitude,
mais à coup sûr comme charme une certaine
photographie de Caccia !

Il y a aussi dans cette galerie de véritables
charges; un ciel nocturne plein d'étoiles de
M. Cinot, par exemple, doit être cité. Le soleil
se couchait bien tard, au soir qu'a choisi le
peintre; ou bien les étoiles se levaient-elles
trop tôt ?

Pourtant, à côté des bouffonneries, on aurait
tort de ne rien remarquer : une marine de
M. de Crisenoy, le *Valmy*, nº 161, est vraiment
belle; une autre marine de M. Eugène Deshayes, le numéro 189, barque de pêcheurs des
environs d'Etretat, est peinte avec une sorte
d'originalité cherchée, mais qui n'exclut pas le
talent.

Voyez aussi le numéro 208, barque en cap, de
M. S. Dumouchet. Cela est bon, bien correct et
bien peint.

Puis, pour vous distraire des marines, regardez ce très joli intérieur d'église de M.
d'Herbès, tableau presque monochrome, où les
valeurs sont pourtant si bien ménagées.

Ne passez pas non plus sans un regard jeté
au tableau de M. Léon Martin, nº 334. On reprocherait bien à cela trop d'encombrement ;
il y a des fruits, il y a un homard, il y a un sa-
ladier, il y a mille choses, les plus diverses,
celles que le sens commun rassemble le moins;
mais, en somme, tout cela n'est pas mal arrangé, et ce tableau a une valeur. On n'en dirait
pas autant de tous.

De M. Trubert, vous verrez là aussi deux toiles. Vous pardonnerez peut-être à la seconde en faveur de la première, qui est bonne ; cette première est le « portrait du steamer *Ville-de-Bahia* » comme s'exprime le livret.

Puis, vous pourrez passer, et, si cela vous agrée, il y aurait peut-être profit et agrément à revoir les diverses salles où tant de changements ont été faits successivement, que vous rencontrerez des œuvres non encore vues, et quelques-unes mêmes tout récemment exposées.

C'est ainsi que, dans la salle numéro 2, vous aurez chance de remarquer plusieurs tableaux de M. Riou, et en particulier quelques paysages égyptiens où le soleil flamboie, et où tout, ciel, voiles, eaux et rivages étalent les plus splendides couleurs comme pour la fête des yeux.

On s'emploiera donc à la recherche de ces tableaux déménagés, aménagés, portés, transportés, reportés et déportés tant de fois, avant la visite de rigueur aux salles des dessins, où cependant, il y a aussi quelques œuvres remarquables.

LES DÉMÉNAGÉS.

Deux tout petits tableaux de M. Eug. Aufray : l'un, sous le titre *Bonsoir*, représente un paresseux étalé à plat ventre dans l'herbe. C'est une pochade, une indication. Cela pourra faire une œuvre amusante, sans que l'on en agrandisse le cadre. Le second, un *Intérieur de Cuisine*, est fini avec le soin d'un Gérard Dow.

M. Besnus a exposé, outre *La Juine à Etampes*, un bien joli paysage, grassement, largement peint. Le père Vincent y mène boire ses chevaux dans la mare, où se reflète un vieux saule.

C'est de bonne et de vraie nature rustique ; c'est bien vivant, et dame ! pour un peu, on aimerait le père Vincent, qui a de si solides chevaux, et qui en prend un tel soin ! —

Le Débarcadère, à Venise, de M. Cassinelli, n'est certes pas sans qualités ; mais le charme lui manque et l'intérêt. Par exemple, une marine, dite normande, est pleine de lumière et inondée d'un soleil vénitien, qui revêt barques et loups de mer de flamboiements d'apothéoses.

M. Foulongne, 220 : *Daphnis et Chloé*. — Appartient à la ville du Havre, comme l'Offrande, comme la plage d'Allongé, comme le paysage de Sauzay.

La Jeune Ménagère, de M. Laugée, est superbement éclairée, toute charmante et toute simple. C'est une des bonnes toiles du salon.

Les mêmes qualités de simplicité, de sincérité et de charme se retrouvent, et à un degré peut-être supérieur encore, dans un petit tableau : *Jeune Fille jouant avec un serin*, n° 262, qui est signé Victor Laîné.

Mais surtout, remarquez, on vous prie, ce portrait merveilleux et calme, empreint de poésie, poëme d'amour et de bonheur que M. Leygue a nommé Marie-Jeanne. Voilà bien de toute l'exposition, le portrait le plus attachant, le plus parfait : un vrai chef-d'œuvre. Et comme cela est fait simplement, d'une brosse large et dédaigneuse des artifices. Voilà la vraie force et l'art véritable.

Une Marine, de M. Emile Renouf, de Honfleur, peinte avec habileté, dans des tons gris, n'est pas à dédaigner. Du même peintre, il y a un tableau plus grand, un peu trop grand, *Brume du Matin*, qui est d'une justesse d'impression absolument vraie. Les brumes montent au-dessus de la rivière et s'y promènent lentement, accrochées, çà et là, aux berges où elles semblent pendre par lambeaux; et le soleil qui se lève menace de les dissiper, pendant que des pêcheurs sont déjà à la besogne et ont choisi leur station.

On croit avoir ainsi accompli la tâche fixée. Cependant, on a omis de nombreuses toiles. La grande raison de ces omissions, c'est qu'il y en a eu trop de reçues à l'exposition. Une autre raison encore, c'est que pour faire métier de critique, on n'est pas infaillible.

Mais il reste à étudier encore les dessins, les eaux-fortes, les aquarelles, les pastels, les miniatures, les gravures, les émaux, les porcelaines et les faïences ; — cela seulement.

Le roi Louis XI disait : « Divisez pour régner. »

Il ne sera pas mauvais de diviser :

Dessins. — Un beau fusain d'Allongé, la Pointe de la Mer, vue prise de Villers-sur-Mer, frappera d'abord, avec ses grandes roches noires dressées sur le sable et son ciel menaçant ;

De deux fusains d'Appian, le Figuier et l'effet de Neige ; l'effet de Neige est surtout remarquable et d'un grand effet.

M. Betsellère a exposé un Moine priant (*Pater noster*, fusain, n° 453), qui est admirablement dessiné et d'un beau caractère.

On a noté aussi un portrait à l'encre de Chine du *père* Corot, fumant sa *pipette*, qui fait honneur à M. Louis Blayot.

La Leçon de Dessin (fusain), de M. Edouard Charpentier, quelques bons dessins d'Edouard Daliphard, deux dessins fougueux et confus, mais pleins de couleur d'Eugène Deshayes, plusieurs croquis à la plume de Victor Hamel, une copie du Printemps de Cot, faite à la plume, par le très patient M. Légeron, deux mines de plomb hardies et précises de M. Pornin, une sanguine de Mlle Valentino, un fusain magnifique de M. Ch. Vignier, le Lac du Bourget, n° 592, sont aussi très recommandables.

Eaux-fortes. — Les eaux-fortes ne sont pas moins nombreuses. M. Jules Adeline occupe le premier rang parmi les aqua-fortistes qui ont exposé au Havre, et sa Grosse Horloge d'après un dessin de Langlois, est notamment splendide.

Une vue de Saint-Pierre-de-Rome, par E. Benard, trois eaux fortes d'Ernest Lefevre, sont aussi très habilement enlevées ; un Sous-Bois de Martial est une œuvre hors ligne ; M. H. Saffrey expose une bonne planche, la Pompe du Pont Notre-Dame, qui a été très appréciée... ; le reste est moins bon, quelques planches n'ont même été données que comme spécimens de commerce, à prix réduits.

Aquarelles. — M. Eugène Bellangé a mis au Salon un chasseur, à pied, le verre en main,

qui est croqué de main de maître, et boit...
comme un chasseur diligent que la soif dévore.
Petit croquis amusant.

E. Bénard : Reposoir à Pont-Audemer.— Une
trouvaille, excellente étude, admirablement
rendue. Les cierges luisent dans l'ombre et
éclairent véritablement les draperies obscures.
— Du même, la voûte de l'appartement des
Borgia, au Vatican : Couleur admirable et d'un
éclat invraisemblable. — Du même encore et
avec les mêmes qualités : Fragment du repas
chez Lévy, de Paul Veronèse.

Une aquarelle très remarquable de M. Auguste Bougourd, de Pont-Audemer, figure un
chemin sous les arbres, mais représente un
grand talent.

M. A. Brunet-Debaisnes est, à juste titre, un
de nos aquarellistes les plus réputés. Il a à l'exposition une petite vue prise à Chartres, qui
est traitée avec esprit, d'un pinceau délicat, et
qui atteint l'effet voulu sans surcharges ni re-
pentirs.

Les amateurs ont pris coutume d'user pour
juger les peintres, de la langue dont on se sert
pour apprécier les musiciens. Ils ne parlent
que de gammes, de tons et de notes. A ce
compte, on pourrait appeler l'admirable jeune
fille à la fontaine, de Ch. Camino, une mélodie
en ton majeur, tant le coloris de ce charmant
motif sonne avec éclat sa fanfare. La fantaisie
plus discrète de Chaplin (*Haydée*, nᵒ 659) serait
le mineur de cette symphonie pastorale.

Les grandes pages de M. Edouard Hargitt
révèlent une patience infinie jointe à un vrai

talent ; mais comme ces vastes perspectives
sont mornes et mortes ! Cela ne fait aucune impression, pas même celle de la grande étendue.

Les trois aquarelles de M. D'Herbès accusent
une vigueur toute juvénile, et avec des négli-
gences voulues, rendent bien le sentiment de
l'artiste. L'une d'elles, qui représente un coin
du vieux Havre, la Porte de la jetée du Havre, a
surtout été remarquée.

M. Edm. Lahure accuse un tempérament pa-
reil, qui va droit au but ; il aime surtout les
couleurs sonores et rend vivement la nature.

On a déjà nommé M. E. Levillain. Il faut citer
encore ici ce jeune artiste, à propos de trois
aquarelles qui accusent de réelles qualités.

A propos d'un artiste, Baudelaire a inventé
le mot : Modernité. M. Edmond Morin est un
de nos artistes actuels qui possèdent le mieux
ce sentiment de modernité. Exemple : L'*Ave-
nue du Bois de Boulogne un jour de Courses*. Bien
que cette aquarelle ait des fonds un peu lourds,
on hésitera peu sans doute à la classer première entre toutes. Ce qu'on doit surtout admirer, c'est le mouvement de ces voitures et
de ces cavaliers qui se précipitent en longue
file ; et la tournure, et la physionomie de ces
cochers, de ces richards dans leurs landaus
armoriés. Chacun de ses personnages a son
caractère, — jusqu'à l'arroseur public, en qui
l'on devine le philosophe de la rue.

M. Saraben a exposé une gouache très fine :
A Ville-d'Avray, berge et canotiers, qui vaut
mille fois ses deux tableaux, dont il a été parlé
plus haut.

Huit croquis à l'aquarelle, très vivement je-
tés et une vue du Mont-Saint-Michel, font encore remarquer le nom de M. Ch. Vignier, déjà
vanté pour son superbe fusain.

Pastels. — M. Galbrund a au salon trois ad-
mirables pastels, dignes de sa haute réputation,
et qui ont été admirés par chacun. C'est d'abord
le calme et séduisant portrait de Mme P...
d'un charme si intime, puis le portrait de M.
l'abbé X... dessiné avec une simplicité toute
puissante, et c'est enfin, cette tête blonde et
souriante à peine indiquée et qui a tout l'éclat
d'une fugitive et délicate vision ; ces trois
œuvres sont au nombre des meilleures qui fi-
gurent à l'exposition et ont valu à leur auteur
les louanges les plus unanimes.

Miniatures. — La miniature est bien représentée au Salon. Il faut remarquer un joli portrait de Ch. Camino, nº 471, et surtout les trois
œuvres exquises de M. Feulard, parmi lesquelles le ravissant portrait de Mlle L.-S. est
un véritable chef-d'œuvre.

Gravures. — M. Daliphard expose trois gravures intéressantes, et M. Danguin, une excellente et pure copie de Raphaël.

Emaux, porcelaines et faïences. — Mlle Marie d'Aumont a mis au Salon deux porcelaines : l'une, un portrait, est bien fait à la
vérité, mais sans grand intérêt ; l'autre, par
exemple, est très belle et mérite une mention
toute spéciale. C'est une copie de Chaplin, *une
femme*, nº 446. C'est une œuvre d'une infinie
délicatesse qui met en lumière avec la légèreté

d'un pinceau expérimenté, un esprit très artiste et un sentiment profond de la beauté.

Chaplin a été copié aussi avec un rare bonheur par Mlle Blanche Pierron, dont les reproductions de la Lyre Brisée et de Roses de Mai ont tout le charme des originaux avec une grâce personnelle bien accentuée, par surcroît.

Deux Emaux de M. Frédéric de Courcy représentent des allégories de la paix et de la guerre. La composition en est puissante et neuve.

Une demoiselle, Mlle Eva Drager, a eu la singulière idée de peindre un Esculape aux yeux hagards. Pensée bizarre pour une jeune fille et qui ne s'explique que par son voisinage de l'Ecole de Médecine (qu'accuse le livret).

Une copie des Baigneuses de Boucher, par Mlle Adrienne Peytel, n'est pas mauvaise.

De M. A. Thomasse on a remarqué une faïence grand feu (émail) figurant un page au XIVe siècle, qui ne manque pas de mérite.

Des épreuves de photoglyptie de M. Gabriel Blaise ; de phototypie, de M. Joignant ; des *montres* de photographies de MM. Caccia et Tourtin, exposées on ne sait trop pourquoi ; des vitraux, photographies vitrifiées de M. Kaiser, et trois belles épreuves de M. Léonce Lavillette, complètent cette Exposition.

Une galerie dite des amateurs a été adjointe au salon.

Cette galerie dont l'intérêt avait été surfait, prouve que les amateurs peuvent se ranger en deux catégories, ceux qui *s'y connaissent*, et *ceux qui ne s'y connaissent pas.*

Il y a là plus d'une croûte avec de séduisantes étiquettes.

Parmi les œuvres qui ont été le plus admirées, un merveilleux portrait de Lhullier occupe le premier rang.

Un joli pastel de Galbrund et une ravissante marine de Courant, représentent aussi avec éclat les artistes havrais.

On n'a pas intention d'étudier cette galerie. Cependant, il convient de signaler : la *Retraite de Russie* de H. Bellangé, la *Nature morte* de Brascassat, un joli César de Cock (toile achevée, ô merveille !) un Corot admirable, un Daubigny, et la Vache noire de Troyon.

Un croquis de Detaille (une tranchée sous le premier empire) est aussi extrêmement remarquable....

La tâche ainsi remplie du compte-rendu nécessaire, il importe maintenant de regarder vers l'avenir, afin de multiplier le plus possible ces encouragements aux artistes, et d'ouvrir de nouveaux salons dans des conditions meilleures encore.

La Société havraise d'Etudes diverses qui a eu l'initiative de cette Exposition s'occupe déjà de rechercher ce qu'il y a à faire pour atteindre ce but.

D'autre part, encouragée par le succès acquis, l'ancienne Société des Amis des Arts, voudrait se reconstituer et poursuivre l'œuvre si heureusement reprise.

La concurrence entre les deux Sociétés ne sera, croyez-le, qu'une généreuse émulation, et l'on est en droit de tout attendre de leur zèle éclairé pour les beaux-arts.

Mais que ce soit l'une ou l'autre de ces réunions qui désormais se chargent des expositions, il conviendra qu'elles se prémunissent contre certains inconvénients que la Société d'Etudes n'a pu tous éviter.

Ces inconvénients, on va les énumérer ici. Le lecteur jugera combien il est important d'y remédier.

D'abord, vous saurez qu'il y a, à Paris, des entrepreneurs d'expositions qui, pour un prix convenu, à valoir en achats, procurent aux comités départementaux tout le nécessaire, statues, tableaux et dessins, absolument comme les tapissiers louent pour un bal, des fauteuils, des banquettes et des torchères.

Suivant le prix convenu, on peut avoir ainsi des expositions de 1re ou de 2e, de 3e, de 10e classe.

La Société d'Etudes a renoncé à ce mode d'action assez peu digne, et n'a pris à Paris qu'un intermédiaire, un emballeur.

Malheureusement, celui-ci a reçu nombre d'œuvres appartenant à des marchands, et la commission s'est mal à propos départie des exigences du réglement, qui déclarait acceptables seulement les œuvres envoyées par les artistes ou au nom des artistes.

Il y a trop d'intérêt à ne pas assimiler une exposition à une foire ou à un déballage, pour que le remède à cet état de choses n'importe à tous.

De même, il serait urgent de créer un jury

de réception, de manière à ne plus être encombré de productions absurdes.

Les artistes qui se soumettent à l'appréciation des comités d'achat s'inclineront également devant les jurys de réception. Cela va
de soi.

Pour le classement des œuvres, il ne faudrait plus de désordre, et on n'exposerait plus
les émaux avec les sculptures, ni les pastels
avec les peintures.

Enfin, comme les achats ne peuvent être
assez nombreux pour récompenser toujours
exactement le mérite ; comme en outre, et trop
souvent, les œuvres achetées sont celles qui
coûtent un prix moyen et non pas celles qui
ont une valeur capitale, il est absolument opportun de distribuer des médailles aux artistes
les plus dignes.

On a argué que les médailles des Expositions
de province importent peu aux artistes, jaloux
seulement des prix du Salon parisien. C'est une
erreur.

Et, d'ailleurs, relevez, par les rigueurs d'un
jury sérieux de réception, la valeur moyenne
de vos expositions, et les artistes envieront vos
médailles.

Tout le monde a à y gagner.